Tamara Rachbauer

Dokumentation des Webkonferenzsystems Spreed

Tamara Rachbauer

Dokumentation des Webkonferenzsystems Spreed

GRIN Verlag

Bibliografische Information der Deutschen Nationalbibliothek: Die Deutsche Bibliothek
verzeichnet diese Publikation in der Deutschen Nationalbibliografie; detaillierte bibliografische Daten sind im Internet über http://dnb.d-nb.de/ abrufbar.

1. Auflage 2008
Copyright © 2008 GRIN Verlag
http://www.grin.com/
Druck und Bindung: Books on Demand GmbH, Norderstedt Germany
ISBN 978-3-656-99416-9

MD.H

Dokumentation des Webkonferenzsystems Spreed

Teil des Projektberichtes für das Modul „12.1 Praxisprojekt"
Tamara Rachbauer, MI 100501
Letzte Änderung: Freitag, 4. Jänner 2008

Inhaltsverzeichnis

1 Zusammenfassung

Diese Dokumentation über das Webkonferenzsystem „Spreed" dient als Handbuch für die Lehrkräfte des Nachhilfeinstituts „Gute Noten Werkstatt".

Während der Abschnitt 2 einen Systemüberblick gibt, folgt im Abschnitt 3 eine genaue Beschreibung der Vorgehensweise, um eine Webkonferenz mit spreed free durchführen zu können, den Anforderungen an die Clients sowie ein Überblick über die verschiedenen Konferenztypen.

Der 4. Abschnitt beschäftigt sich mit allem was zur Durchführung einer Webkonferenz gehört, wie dem Anlegen einer Konferenz, dem Hinzufügen und Einladen von Teilnehmern/innen, dem Einrichten von Diensten und dem Starten und Beenden einer Konferenz.

Abschließend werden im Abschnitt 5 die Möglichkeiten aufgezählt, als Teilnehmer/in, einer Konferenz beizutreten. Außerdem wird auf einige Besonderheiten eingegangen wie z. B. das Hereinholen von in der Lobby wartenden Teilnehmenden, oder das Verändern des Online-Status eines Teilnehmenden.

2 Systemüberblick

Spreed, ein Online-Konferenzsystem, ermöglicht es, webbasiert und plattformunabhängig Schulungen abzuhalten. Es bietet unter anderem Funktionen für Web-Meetings, Präsentationen und zum Austausch von Dokumenten. Die Teilnehmer/innen benötigen dafür keine spezielle Software, nur ein Browser mit Flash-Plugin und ein Internetzugang sind vonnöten. Für das gemeinsame Sharing von Bildschirminhalten und Anwendungen, z. B. damit ein Teilnehmer ein problematisches Beispiel vorzeigen kann, muss eine zusätzliche Software, das spreed Live-Sharing, herunter geladen und gestartet werden, das zur Zeit nur unter Windows und Linux lauffähig ist. Das spreed Live-Sharing für Mac OS X ist laut [spreed 2007] in Vorbereitung.

Der Hersteller Struktur AG bietet spreed-Konferenzplattformen in Europa, den USA, Japan und in Australien an, die in Form von verschiedenen Paketen gemietet werden können. Eine Installation der Software auf einem eigenen Webserver ist damit nicht mehr nötig.

Mit dem Service „spreed free" können kostenlose Webkonferenzen mit bis zu drei Teilnehmern/innen durchgeführt werden.

3 Voraussetzungen für eine Webkonferenz mit „spreed free"

Um den Service „spreed free" verwenden zu können, ist laut [spreed 2007a] nur ein spreed-Zugang nötig, den man auf der Webseite www.spreed.com kostenlos mittels Registrierung anlegen kann.

3.1 Vorgehensweise zur Registrierung

Im Folgenden eine Schritt-für-Schritt Anleitung zum Anlegen eines spreed-Zugangs

1. Auf der Webseite www.spreed.com auf den Button im rechten Fensterbereich „Jetzt anmelden" klicken.

Abb.3.1.1 Screenshot: „Teilausschnitt spreed Zugang anmelden", http://spreed.com/

2. Nach dem Anklicken erscheint das Anmeldeformular „spreed Anmeldung", wobei die mit dem grünen Punkt markierten Felder Pflichtfelder sind und ausgefüllt werden müssen.

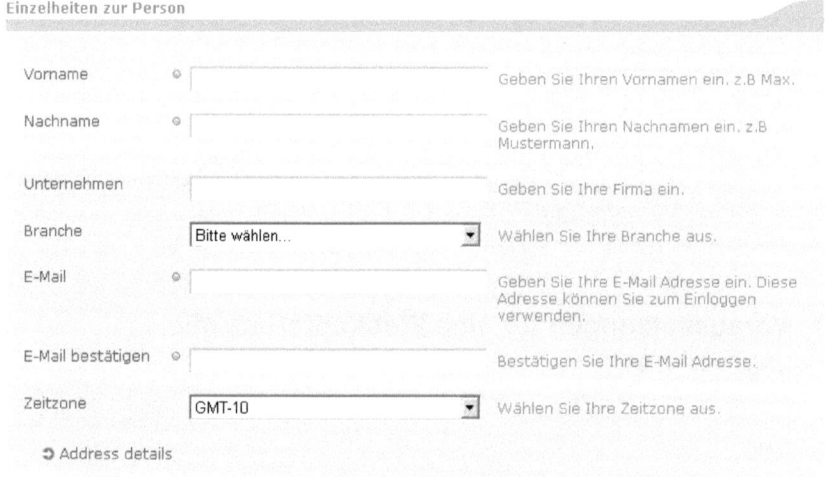

Abb.3.1.2 Screenshot: „Teilausschnitt spreed Anmeldungsformular", http://spreed.com/

3. Nach dem Ausfüllen auf den Button „Jetzt anmelden" klicken. Es erscheint folgender Text:

Konferenz betreten | Verbindungstest | Login | Jetzt anmelden |

Willkommen zu spreed.com!

In Kürze erhalten Sie eine E-Mail, mit der Sie Ihren persönlichen spreed Zugang bestätigen können.

Wenn es sich bei der spreed Anmeldung um einen Irrtum handelt, brauchen Sie nichts weiter zu tun. Es wurden keine Daten gespeichert. Für den Fall, dass Sie die Anmeldung nicht innerhalb von 24 Stunden bestätigen konnten, melden Sie sich einfach erneut bei spreed an.

Happy spreeding!
Beste Grüße vom spreed Team.

Abb.3.1.3 Screenshot: „Teilausschnitt spreed Anmeldungsvorgang", http://spreed.com/

4. Man erhält eine Email mit folgendem Text:

Bestätigung der spreed Anmeldung.

Sie können nun Ihren persönlichen spreed Zugang einrichten.

Um Ihr Passwort zu setzen, öffnen Sie bitte für die Bestätigung der Anmeldung den folgenden Link in einem Browser:

https://checkin.spreed.com/fr?r=h7P_AqdKlv4d9rBVVyWbYQ

Falls sich die Seite beim Anklicken des Links nicht öffnet, können Sie diese URL auch in das Adressfeld des Browsers kopieren.

Ihren spreed Account können Sie jederzeit löschen. Melden Sie sich dazu bei spreed an und gehen Sie auf „Einstellungen" → „Account löschen".

Wenn es sich bei der spreed Anmeldung um einen Irrtum handelt, brauchen Sie nichts weiter zu tun. Es wurden keine Daten gespeichert. Der Gültigkeit der Anmeldebestätigung erlischt automatisch nach 24 Stunden.

Für den Fall, dass Sie die Anmeldung nicht innerhalb von 24 Stunden bestätigen konnten, melden Sie sich einfach erneut bei spreed an.

Happy spreeding!

Beste Grüße vom spreed Team.

5. Nach Klicken auf den Link, öffnet sich der Browser, und man erhält folgenden Bildschirm

Dokumentation des Webkonferenzsystems Spreed
Teil des Projektberichtes für das Modul „12.1 Praxisprojekt"

MEDIADESIGN • HOCHSCHULE
FÜR
DESIGN
UND
INFORMATIK
UNIVERSITY OF
APPLIED
SCIENCES

Tamara Rachbauer, MI 100501

Registrierung abschließen

Hier müssen Sie Ihr initiales Passwort setzen um die Registrierung abzuschließen.

Persönliche Daten

Vorname	Tamara
Nachname	Rachbauer
Zeitzone	GMT-10
E-Mail	tamara@pendular.net

Passwort ⊙ [ ] Geben Sie hier Ihr Passwort ein.
Mindestens 5 Zeichen werden benötigt.

Passwort bestätigen [ ] Geben Sie hier Ihr Passwort ein. Wenn Sie Ihr Passwort vergessen haben, nutzen Sie unsere "Passwort vergessen"-Funktion.

Jetzt anmelden

Abb.3.1.4 Screenshot: „Teilausschnitt spreed Anmeldungsvorgang", http://spreed.com/

6. Hier muss man nun ein Passwort setzen, und dann auf den Button „Jetzt anmelden" klicken. Bei Eingabe eines Passwortes wird einem angezeigt, von welcher Sicherheitsqualität dieses ist.

Registrierung abgeschlossen!

Ihr initiales Passwort wurde gesetzt. Sie können sich jetzt bei spreed mit Ihrer E-Mail Adresse und dem Passwort anmelden, das Sie gerade eingegeben haben. Alternativ können Sie auch einfach auf die Schaltfläche unten klicken.

Um ein neues Passwort anzufordern, verwenden Sie bitte den Passwort vergessen? Link auf der rechten Seite.

Abb.3.1.5 Screenshot: „Teilausschnitt spreed Anmeldungsvorgang", http://spreed.com/

7. Die Registrierung ist nun abgeschlossen.

3.2 Technische Anforderungen an die Clients

Die folgenden Anforderungen müssen laut [spreed 2007a] erfüllt sein:

*   Die Teilnehmer benötigen einen PC mit einem Windows, Linux oder BSD Betriebssystem oder einen Mac mit OS X Betriebssystem.

*   Die Internetbandbreite sollte je nach Konferenztyp und Qualität ab 50-120 kBit/s Up- und Downstream sein

- Ein beliebiger Internetbrowser mit Flash-Plugin ab Version 7.

- Der Browser des Konferenzleiters muss Cookies akzeptieren, um Online-Meetings anlegen zu können.

- Webcam, Mikrophon und Lautsprecher bzw. ein Headset für die Übertragung von Video und Audio.

- Für das Sharing von Bildschirminhalten und Anwendungen eine zusätzliche Software, das so genannte spreed Live-Sharing, das von http://spreed.com/ kostenlos herunter geladen werden kann.

3.3 Konferenztypen

Die Unterschiede zwischen den einzelnen Konferenz-Typen liegen laut [spreed 2007] vor allem in der Art des Zugangs zur Konferenz und in der Übertragung der Audio- und Videodaten der Teilnehmenden.

3.3.1 Konferenz

Eine Konferenz ist ideal für ein Online-Meeting mit einem geschlossenen, überschaubaren Teilnehmerkreis. Die Konferenz ist passwortgeschützt und kann vom Teilnehmenden nur betreten werden, wenn dieser vom Konferenzleiter explizit zur Konferenz eingeladen wurde. In der laufenden Konferenz können sowohl der Konferenzeiter als auch die Teilnehmenden ihre Audio- und Videodaten übertragen.

3.3.2 Schulung

Mit dem Konferenztyp Schulung lassen sich Szenarios ähnlich einer Schulung bzw. eines Seminars abbilden. Zu diesem Zweck ist die Audio- und Video-Übertragung von Seiten der Teilnehmenden eingeschränkt. Alle Schulungs-Teilnehmer/innen (Schüler/innen) können die Video- und Audioübertragung des Konferenzleiters (Seminarleiters) empfangen, während die Audio- und Videodaten der Teilnehmer/innen nur vom Konferenzleiter empfangen werden können.

4 Eine Webkonferenz mit „spreed free" durchführen

4.1 Login auf der Webseite

Auf der Webseite www.spreed.com kann man sich nach erfolgreicher Registrierung jederzeit unter Eingabe des Benutzernamens und des Passwortes in der Eingabemaske am rechten Bildschirmrand anmelden, um eine

- neue Webkonferenz anzulegen und Teilnehmer/innen hinzuzufügen,

- Teilnehmer/innen einzuladen, indem man eine Einladungsmail verschickt oder

- eine Webekonferenz zu starten.

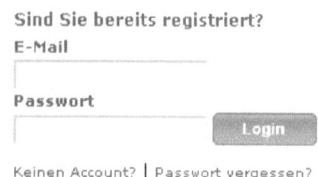

Abb.4.1.1 Screenshot: „Teilausschnitt spreed login", http://spreed.com/

4.2 Anlegen einer Webkonferenz als Konferenzleiter

Mit dem „spreed free"-Paket kann immer nur eine Konferenz mit 2 weiteren Teilnehmenden angelegt werden, wobei die Konferenzdauer auf maximal 1h 30 min beschränkt ist.

Der Dialog zum Anlegen einer Konferenz ist auf mehrere Seiten verteilt. Über die grünen Pfeile im unteren Bereich wird zwischen den Seiten hin- und her navigiert. Alternativ ist durch das Anklicken der Labels zwischen den beiden Pfeilen ein direkter Sprung zu einem Bereich möglich.

Im Folgenden eine Schritt-für-Schritt Anleitung zum Anlegen einer Konferenz:

Nach dem Einloggen erscheint folgender Bildschirm:

Abb.4.2.1 Screenshot: „Teilausschnitt spreed Zugang", http://spreed.com/

Hier auf den Button „Konferenz erstellen" klicken, um zur Konferenzverwaltung zu gelangen.

Konferenz-Verwaltung

Neue Konferenz   14:31:05

Meeting Typ: Konferenz   Instant Meeting   Broadcast

☐ mit Lobby

☐ als Schulungsraum

Name: Paket: spreed free

Beschreibung: Lizenzschlüssel eingeben

Start: 4 Nov 2007   14 : 30 Uhr   Zeitzone: GMT +01:00   ☐ jetzt starten

Dauer: 01 h 00 min   (Max. Dauer: 1 h 30 min)

☐ Zum Speichern der Änderungen klicken Sie bitte auf "Weiter".

Konferenz

Abb.4.2.2 Screenshot: „Teilausschnitt Konferenzverwaltung – Neue Konferenz", http://spreed.com/

Der richtige Meeting-Typ ist die Konferenz (grün eingerahmt). Hier werden der Name und eine kurze Beschreibung der Konferenz eingegeben. Des Weiteren werden ein Starttermin und eine Dauer (bei spreed free maximal 1h 30m möglich) eingegeben. Dann auf den Button „Weiter" klicken.

4.3 Hinzufügen von Teilnehmern

Nach dem Klicken auf die Schaltfläche „Weiter" gelangt man zum folgenden Bildschirm

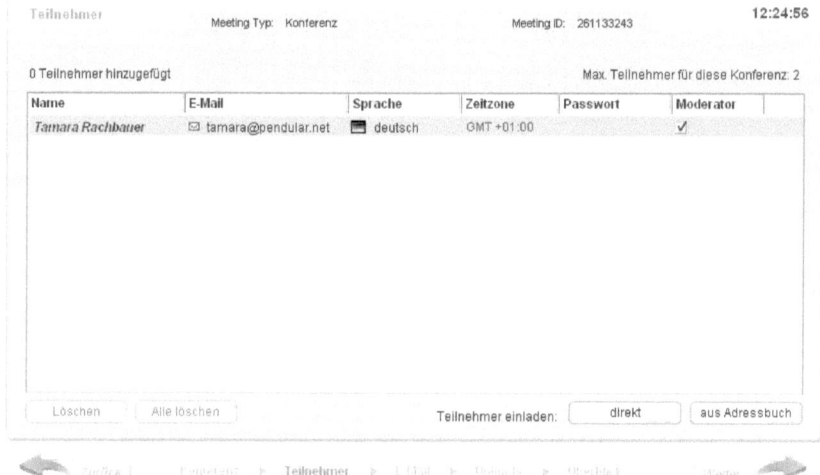

Abb.4.3.1 Screenshot: „Teilausschnitt Konferenzverwaltung – Teilnehmer ", http://spreed.com/

Hier kann man Teilnehmer/innen hinzufügen, entweder „direkt" oder „aus Adressbuch".

– Direkt:

- direkt hinzugefügte Teilnehmende werden nicht im Adressbuch gespeichert.

– Aus dem Adressbuch:

- Mit dem Adressbuch ist es möglich, Kontakte dauerhaft und Konferenz-übergreifend zu speichern. Häufig benötigte Kontakte können im Adressbuch abgelegt und die Teilnehmer/innen schnell und unkompliziert daraus zu einer Konferenz hinzugefügt werden.

- Neben dem manuellen Hinzufügen neuer Kontakte zum Adressbuch, können Kontakte in Form von CSV-Dateien importiert werden.

- Wenn ein Kontakt aus dem Adressbuch als Teilnehmer/in hinzugefügt werden soll, den gewünschten Kontakt auswählen und auf einladen klicken. Die Kontakte sind nun als Teilnehmende zur Konferenz hinzugefügt.

Beim Klicken auf die Schaltfläche „direkt" erscheint ein Zusatzfenster

Konferenz-Verwaltung

Teilnehmer	Meeting Typ: Konferenz		Meeting ID: 261133243		12:27:22

0 Teilnehmer hinzugefügt   Max. Teilnehmer für diese Konferenz: 2

Name	E-Mail	Sprache	Zeitzone	Passwort	Moderator
Tamara Rachbauer	✉ tamara@pendular.net	🏳 deutsch	GMT +01:00		✓

Neuen Teilnehmer direkt (ohne Adressbuch) einfügen   [×]

Hinweis: Der neue Teilnehmer wird nicht im Adressbuch
gespeichert, er wird lediglich auf die Teilnehmerliste gesetzt.

Name: _____

E-Mail: _____

Sprache: 🏳 deutsch   ▾

Zeitzone: GMT +01:00 ▾ 📞

[Abbrechen] [Speichern]

Löschen	Alle löschen		Teilnehmer einladen:	direkt	aus Adressbuch

Abb.4.3.2 Screenshot: „Teilausschnitt Konferenzverwaltung – Teilnehmer/in einladen direkt ", http://spreed.com/

Hier müssen ein Name und eine gültige E-Mail-Adresse des gewünschten Teilnehmenden einge-
tragen werden.

Wichtig ist auf die korrekte Angabe der Zeitzone zu achten. Dadurch wird sichergestellt, dass alle
Teilnehmer/innen die Startzeit der Konferenz in ihrer Ortszeit angezeigt bekommen.

Nach dem Klicken auf „Speichern" erscheint der neue Teilnehmende in der Liste.

Abb.4.3.3 Screenshot: „Teilausschnitt Konferenzverwaltung – Teilnehmer/in einladen direkt ", http://spreed.com/

Beim Klicken auf die Schaltfläche „aus Adressbuch" erscheint das folgende Fenster:

Abb.4.3.4 Screenshot: „Teilausschnitt Konferenzverwaltung – Teilnehmer/in aus Adressbuch ",
http://spreed.com/

Hier hat man die Möglichkeit neue Adressen manuell anzulegen, in dem man auf „Neu" klickt.

Es erscheint ein Zusatzfenster, in dem man den Namen, die E-Mail Adresse und die richtige Zeitzone einstellen muss.

Abb.4.3.5 Screenshot: „Teilausschnitt Konferenzverwaltung – Teilnehmer/in aus Adressbuch ",
http://spreed.com/

Hat man dies getan, auf Speichern klicken, und der neue Teilnehmende erscheint im Adressbuch. Die so angelegten Kontakte werden dauerhaft im Adressbuch abgelegt und können schnell und unkompliziert daraus zu einer Konferenz hinzugefügt werden.

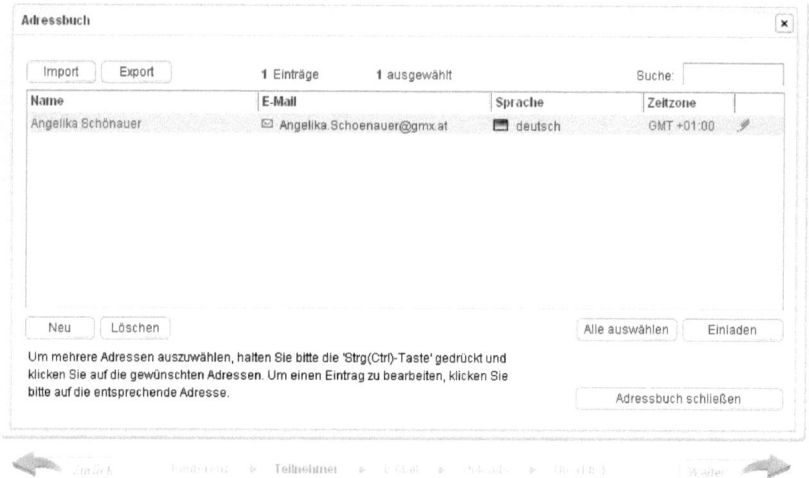

Abb.4.3.6 Screenshot: „Teilausschnitt Konferenzverwaltung – Teilnehmer/in aus Adressbuch ",
http://spreed.com/

Eine andere Möglichkeit ist es, die Kontakte in Form von CSV-Dateien zu importieren. CSV-Dateien sind z. B. Kontakte, die aus Outlook Express exportiert wurden. Dazu auf den Button „Import" klicken, das folgende neue Fenster öffnet sich.

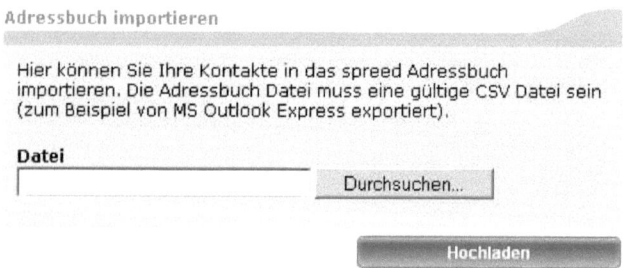

Abb.4.3.7 Screenshot: „Konferenzverwaltung – Kontakte ins Adressbuch importieren", http://spreed.com/

Mittels der Schaltfläche „Durchsuchen" kann man nach einer CSV-Datei suchen und diese mittels „Hochladen" in das Adressbuch hinzufügen. Auch diese Teilnehmenden befinden sich nun in der Liste.

Konferenz-Verwaltung

Abb.4.3.8 Screenshot: „Teilausschnitt Konferenzverwaltung – Teilnehmer/in aus Adressbuch ",
http://spreed.com/

Im nächsten Schritt müssen die einzuladenden Teilnehmer/innen markiert werden, sie erscheinen dann grün hinterlegt. Dann auf die Schaltfläche „Einladen" klicken.

Konferenz-Verwaltung

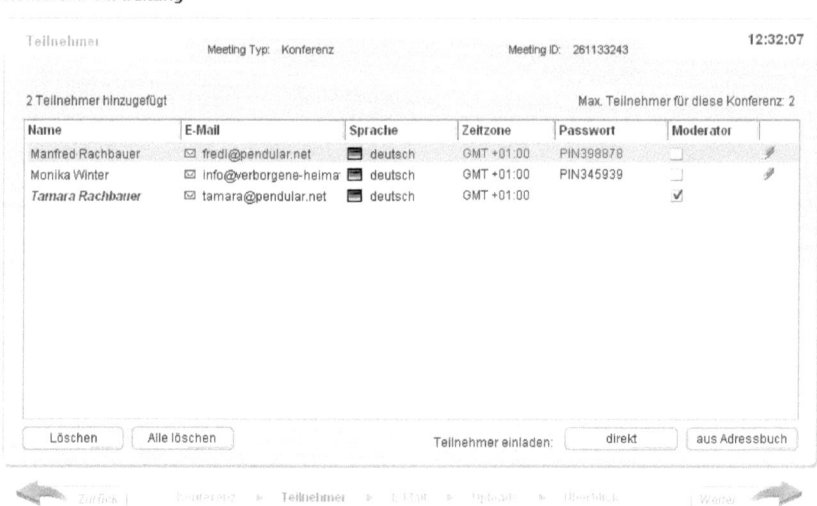

Abb.4.3.9 Screenshot: „Teilausschnitt Konferenzverwaltung – Teilnehmer/in aus Adressbuch ",
http://spreed.com/

Man gelangt wieder zum Ausgangsbildschirm. Hier wieder auf die Schaltfläche „Weiter" klicken.

4.4 Einladungsnachricht bearbeiten

Man gelangt zum nächsten Fenster „E-Mail bearbeiten". Hier kann der Text für die Einladungs-
nachricht verändert werden.

Konferenz-Verwaltung

| E-Mail bearbeiten | Meeting Typ: Konferenz | Meeting ID: 901731665 | 19:47:58 |

Standardtext

Ausgewählter Standardtext: 🔲 deutsch ▾

In diesem Fenster können Sie den Standardtext für verschiedenen Sprachen bearbeiten.

```
Hallo <<TEILNEHMER>>,

<<MODERATOR>> hat Sie zu einem spreed Onlinemeeting eingeladen.

            Titel: <<NAME>>
     Beschreibung: <<BESCHREIBUNG>>
         Startzeit: <<START>>
 Geplante Dauer: <<DAUER>>

 Ihre Anmeldedaten:
      Meeting-Nr.: <<MEETINGID>>
 E-Mail Adresse: <<EMAIL>>
          Passwort: <<PASSWORT>>
```

Individuelle Teilnehmertexte | 📝 Platzhalter einfügen | Zurücksetzen | Vorschau | Speichern

Abb.4.4.1 Screenshot: „Teilausschnitt Konferenzverwaltung – E-Mail bearbeiten ", http://spreed.com/

Entweder man verwendet den vorgegebenen Standardtext, der die wichtigsten Inhalte enthält, oder passt ihn an seine Bedürfnisse an und speichert die Änderungen. Der Standardtext wird für alle Teilnehmenden verwendet.

Abb.4.4.2 Screenshot: „Teilausschnitt Konferenzverwaltung – E-Mail bearbeiten ", http://spreed.com/

Eine andere Möglichkeit ist es, für jeden Teilnehmenden eine eigene Nachricht zu erstellen, in dem man auf die Schaltfläche „Individuelle Teilnehmertexte" klickt, dort den Text anpasst und diesen mittels der Schaltfläche „Speichern" absichert.

Abb.4.4.3 Screenshot: „Vorschaufenster für den E-Mail-Text – E-Mail bearbeiten ", http://spreed.com/

Mittel der Schaltfläche „Vorschau" können die Änderungen direkt beobachtet werden. Mit „Vorschaufenster schließen" gelangt man wieder zum Hauptfenster zurück. Dort wieder auf „Weiter" klicken.

4.5 Hochladen von Dateien für die Konferenz

Im nächsten Fenster hat man die Möglichkeit, Dateien hoch zu laden, die man für die Konferenz benötigt bzw. den Teilnehmenden zur Verfügung stellen möchte. Dazu auf die Schaltfläche „Hinzufügen" klicken. Es öffnet sich ein zusätzliches Fenster. Hier auf „Durchsuchen…" klicken, die gewünschten Dateien von der Festplatte bzw. einem anderen Speichermedium auswählen und hinzufügen durch Klick auf „Hochladen".

Konferenz-Verwaltung

Uploads		
Meeting Typ: Konferenz	Meeting ID: 901731665	20:13:01

Präsentationen:
- Virales Marketing vom Todesstern Stuttgart
- spreed Eins-Zwei-Drei Web 2.0 Meetings
- Audi R8 TV Commercial
- BMW M3 Commercial
- Beispielvideo

Hinzufügen — Löschen

Folienvorträge ganz einfach live und online präsentieren. Die Teilnehmer sehen dabei je nach Einstellung immer die Folie, die Sie aktuell zeigen oder können in Ihrem Vortrag selbst navigieren.

☐ = in Verarbeitung
▭ = zur Präsentation fertig

Dateien:

Hinzufügen — Löschen

Stellen Sie den Konferenzteilnehmern mit einem Klick Dateien online zur Verfügung oder tauschen Sie während des Meetings wichtige Dokumente aus.

Abb.4.5.1 Screenshot: „Teilausschnitt Konferenzverwaltung – Uploads ", http://spreed.com/

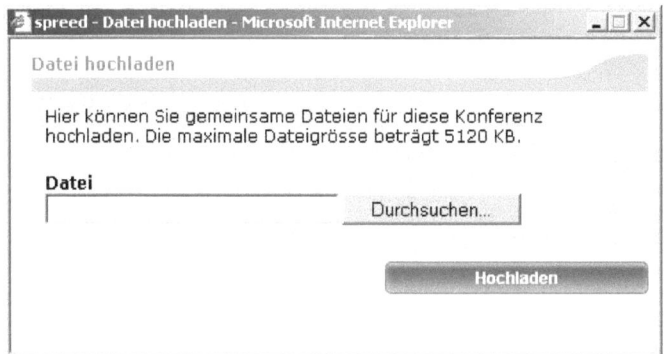

Abb.4.5.2 Screenshot: „Teilausschnitt Konferenzverwaltung – Datei hochladen ", http://spreed.com/

Man bekommt immer eine Bestätigung, ob der Upload erfolgreich war.

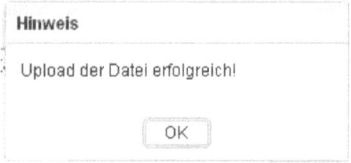

Abb.4.5.3 Screenshot: „Teilausschnitt Konferenzverwaltung – Hinweisfenster ", http://spreed.com/

Die hochgeladene Datei befindet sich dann im Übersichtsfenster Konferenzverwaltung – Uploads.

Konferenz-Verwaltung

Uploads		Meeting Typ: Konferenz	Meeting ID: 261133243	13:47:42

Präsentationen:
- Virales Marketing vom Todesstern Stuttgart
- spreed Broschüre
- Beispielvideo
- spreed Eins-Zwei-Drei Web 2.0 Meetings
- Audi R8 TV Commercial

Hinzufügen   Löschen

Folienvorträge ganz einfach live und online präsentieren. Die Teilnehmer sehen dabei je nach Einstellung immer die Folie, die Sie aktuell zeigen oder können in Ihrem Vortrag selbst navigieren.

= in Verarbeitung
= zur Präsentation fertig

Dateien:
Samsung_SGH-X450_Bedienungsbeschreibung.pdf

Hinzufügen   Löschen

Stellen Sie den Konferenzteilnehmern mit einem Klick Dateien online zur Verfügung oder tauschen Sie während des Meetings wichtige Dokumente aus.

Zurück   Konferenz ▶ Teilnehmer ▶ E-Mail ▶ Uploads ▶ Überblick   Weiter

Abb.4.5.4 Screenshot: „Teilausschnitt Konferenzverwaltung – Uploads", http://spreed.com/

4.6 Einladen der Teilnehmer/innen

Nach dem Klicken auf „Weiter" gelangt man zum Überblicks-Fenster. Sollte man noch Änderungen durchführen wollen, kann man dies durch Navigieren über die Linkliste oder den „Zurück"-Button jederzeit tun.

Zurück   Konferenz ▶ Teilnehmer ▶ E-Mail ▶ Uploads ▶ Überblick   Einladen

Abb.4.6.1 Screenshot: „Linkliste ", http://spreed.com/

Abb.4.6.2 Screenshot: „Teilausschnitt Konferenzverwaltung – Überblick ", http://spreed.com/

Um die Teilnehmenden einzuladen, auf die Schaltfläche „Einladen" klicken. Es öffnet sich noch ein Hinweisfenster, das mit „OK" bestätigt wird.

Abb.4.6.3 Screenshot: „Hinweisfenster ", http://spreed.com/

Ein erneutes Hinweisfenster liefert eine Bestätigung, dass an alle Teilnehmenden eine Einladungsmail geschickt wurde. Dieses wird ebenfalls durch Klick auf „OK" bestätigt.

Hinweis

Alle Teilnehmer wurden per E-Mail eingeladen.

OK

Abb.4.6.4 Screenshot: „Hinweisfenster ", http://spreed.com/

Danach gelangt man zu folgendem Fenster

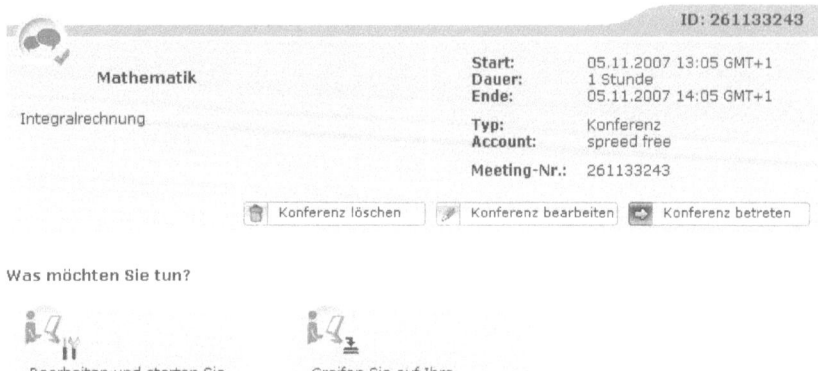

Abb.4.6.5 Screenshot: „Teilausschnitt Übersichtsfenster ", http://spreed.com/

4.7 Starten einer Webkonferenz

4.7.1 Konferenz betreten

Nach dem Klick auf „Konferenz betreten" öffnet sich ein neues Fenster mit einer Abfrage zu Kamera- und Mikrophonzugriff, die mit „Zulassen" bestätigt werden muss.

Abb.4.7.1.1 Screenshot: „Abfrage zu Kamera- und Mikrophonzugriff ", http://spreed.com/

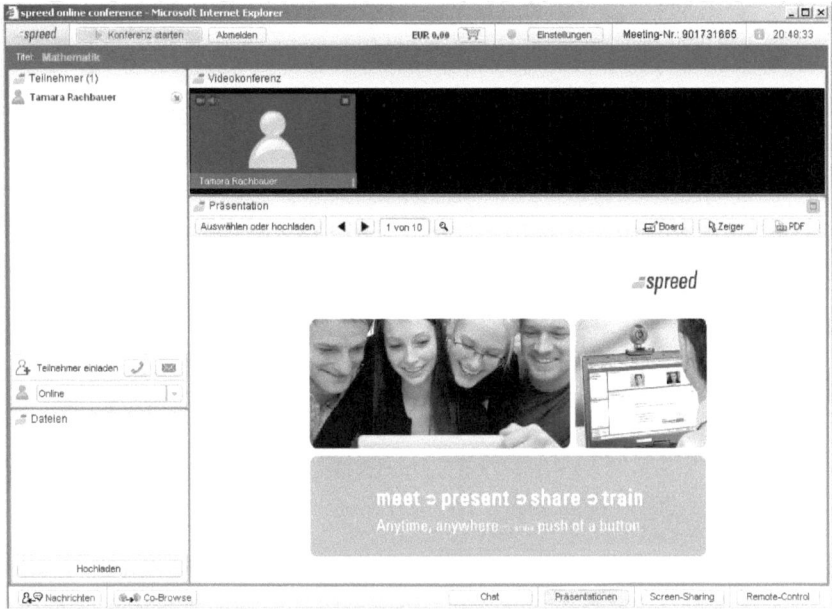

Abb.4.7.1.2 Screenshot: „Teilausschnitt spreed online conference ", http://spreed.com/

Nach der Bestätigung der Sicherheitsabfrage muss man mittels der Schaltfläche „Konferenz starten" die Konferenz starten, wobei auch hier wieder eine Abfrage durchgeführt wird, ob man dies wirklich will. Mit „Ja" bestätigen.

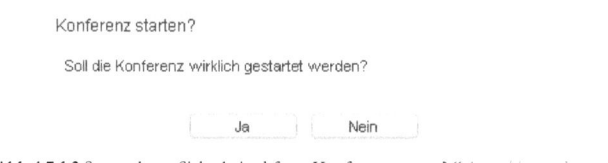

Abb.4.7.1.3 Screenshot: „Sicherheitsabfrage Konferenz starten? ", http://spreed.com/

4.7.2 Präsentationen durchführen

Durch Klicken auf die Schaltfläche „Auswählen oder Hochladen" und dann auf Hochladen, öffnet sich das Fenster spreed – Präsentation hochladen. Hier können Präsentationen in Form von verschiedenen Dateitypen für die Konferenz hochgeladen werden.

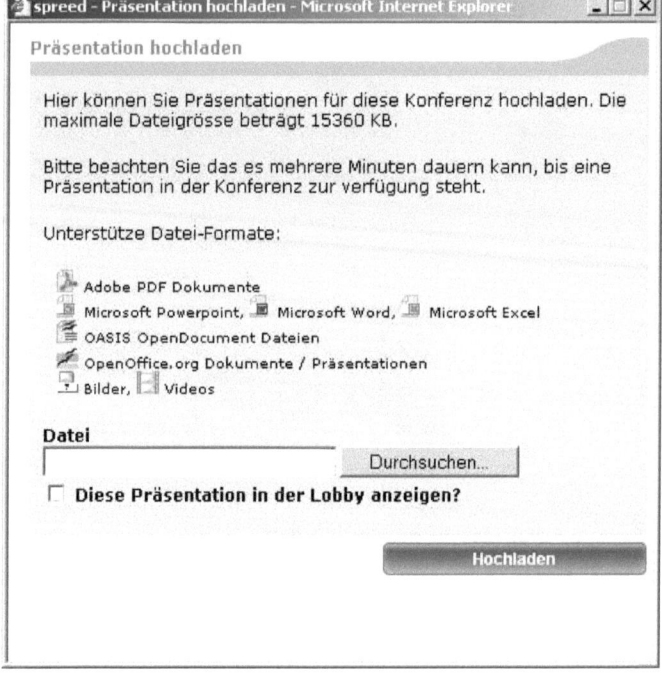

Abb.4.7.2.1 Screenshot: „Sicherheitsabfrage Konferenz starten? ", http://spreed.com/

Über den Zeiger-Button kann der Mauszeiger für die anderen Teilnehmer sichtbar gemacht werden. Der Mauszeiger wird nur dann angezeigt, wenn er innerhalb des Präsentationsbereichs bewegt wird.

Abb.4.7.2.2 Screenshot: „Zeiger-Button ", http://spreed.com/

Durch Klick auf den Button „Nachrichten" wird zusätzlich ein Chatfenster geöffnet.

Abb.4.7.2.3 Screenshot: „Nachrichten-Button ", http://spreed.com/

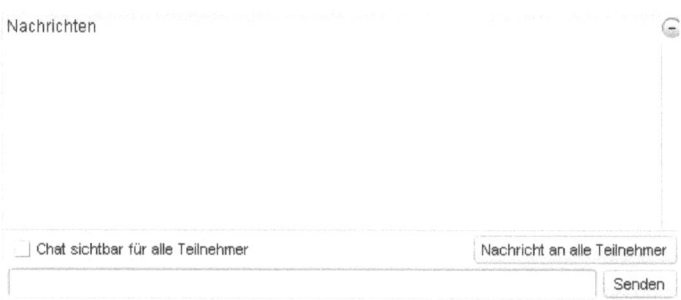

Abb.4.7.2.4 Screenshot: „Nachrichten-Fenster zum Chatten ", http://spreed.com/

4.7.3 Screen-Sharing einrichten und verwenden

Durch Klick auf den Button „Screen-Sharing" erfolgt eine Abfrage, ob der Bildschirm freigegeben werden soll. Durch Klicken auf „Freigeben" bestätigen.

Screen-Sharing

Abb.4.7.3.1 Screenshot: „Screen-Sharing-Button ", http://spreed.com/

Abb.4.7.3.2 Screenshot: „Teilausschnitt Screen-Sharing Freigeben ", http://spreed.com/

Da der Screen-Sharing Client noch nicht vorhanden ist, muss dieser herunter geladen werden. Dazu auf „Download" klicken.

Abb.4.7.3.3 Screenshot: „Teilausschnitt Screensharing-Client herunterladen ", http://spreed.com/

Es öffnet sich eine neue Internetseite mit der Möglichkeit zum Downloaden des Clients.

Dokumentation des Webkonferenzsystems Spreed
Teil des Projektberichtes für das Modul „12.1 Praxisprojekt"

MD.H
MEDIADESIGN = HOCHSCHULE
FÜR
DESIGN
UND
INFORMATIK
UNIVERSITY OF
APPLIED
SCIENCES

Tamara Rachbauer, MI 100501

spreed client herunterladen für Windows-x86

Je nach Betriebssystem benötigen Sie einen anderen spreed client. Spreed denkt das Sie Windows-x86 einsetzen. Wenn dies nicht korrekt ist, oder Sie den spreed client für eine andere Platform herunterladen möchten, klicken Sie bitte hier.

spreed Client für Windows

Weiter Informationen zur Benutzung des Screen-Sharings finden Sie hier.

Abb.4.7.3.4 Screenshot: „Teilausschnitt spreed client herunterladen für Windows-x86 ", http://spreed.com/

Auf den Button „Herunterladen" klicken. Es öffnet sich noch ein Dateidownloadfenster, hier auf „Speichern" klicken, um das Programm spreed.exe herunter zu laden. Danach muss dieses durch Doppelklicken aktiviert werden.

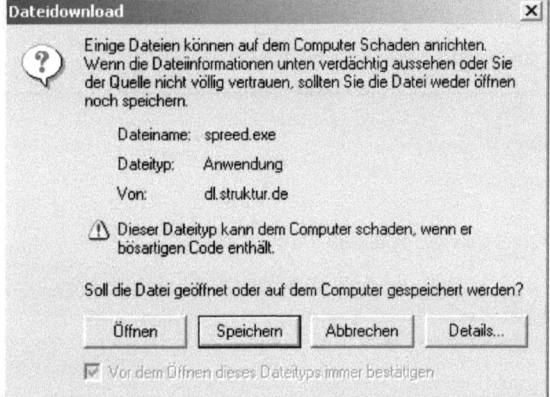

Abb.4.7.3.5 Screenshot: „Dateidownloadfenster ", http://spreed.com/

Nach dem Aktivieren öffnet sich das folgende Hinweisfenster, das mit „OK" bestätigt wird und es wird das spreed.com Tray-Icon mit schwarzem Hintergrund dargestellt.

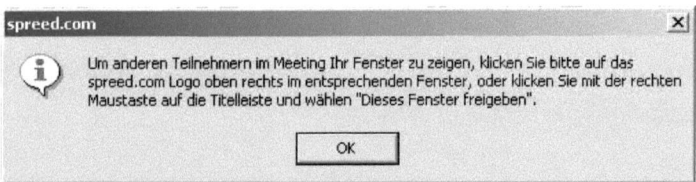

Abb.4.7.3.6 Screenshot: „Hinweisfenster spreed.com ", http://spreed.com/

Danach klickt man mit der rechten Maustaste auf das Programm-Icon des Fensters, das man mit den anderen teilen möchte, z. B. Word und wählt „dieses Fenster freigeben".

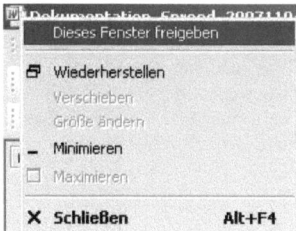

Abb.4.7.3.7 Screenshot: „Dieses Fenster freigeben ", http://spreed.com/

Es erscheint nochmals eine Abfrage, ob man dieses Fenster wirklich freigeben will, und man bestätigt mit „Ja".

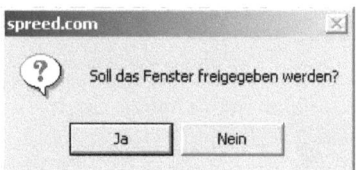

Abb.4.7.3.8 Screenshot: „Soll das Fenster freigegeben werden? ", http://spreed.com/

Das freigegebene Fenster ist nun für alle Teilnehmer sichtbar. Um einen Überblick zu haben, welchen Teil des Fensters die Teilnehmer gerade sehen, kann eine Vorschaufunktion aktiviert werden. Dazu mit der rechten Maustaste auf das Tray-Icon klicken und „Vorschau anzeigen" wählen.

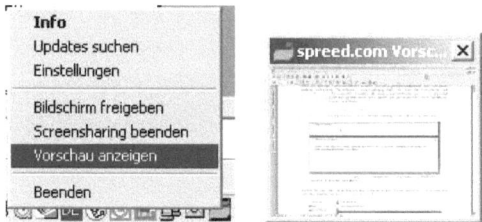

Abb.4.7.3.9 Screenshot: „Tray-Icon – Vorschau anzeigen und Vorschaufenster ", http://spreed.com/

4.7.4   Screen-Sharing der Teilnehmer/innen einrichten

Konferenz-Teilnehmende haben man laut [spreed 2007] verschiedene Möglichkeiten, die Darstellung des übertragenen Bildes zu kontrollieren.

Standardmäßig wird der übertragene Inhalt in die aktuelle Größe des Browserfensters „einge-passt". Durch Deaktivieren der Option „Inhalt einpassen" wird das Fenster in der Originalgröße angezeigt.

Ist die Option „Mausbewegung verfolgen" aktiviert, folgt die Darstellung automatisch der Maus-bewegung des Vortragenden. Wenn man sich unabhängig von der Mausbewegung des Vortra-genden im freigegebenen Fenster bewegen möchte, wählt man stattdessen die Option „Sichtba-ren Bereich" verschieben. Man kann nun über die Scrollbalken und auch über direktes Klicken und Ziehen der Maus den sichtbaren Bereich verschieben.

4.7.5 Screen-Sharing beenden

Will man die Freigabe wieder beenden, muss man im Konferenzfenster auf den Button „Been-den" klicken.

Abb.4.7.5.1 Screenshot: „Teilausschnitt Freigabe beenden ", http://spreed.com/

Eine weitere Möglichkeit ist es, über das Kontext-Menü des freigegeben Fensters die Option „Dieses Fenster freigeben" anzuklicken und die Abfrage mit „Ja" zu bestätigen.

 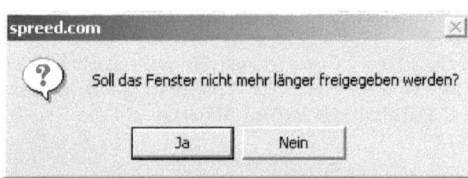

Abb.4.7.5.2 Screenshot: „Teilausschnitt Freigabe beenden – weitere Möglichkeit ", http://spreed.com/

4.8 Beenden einer Webkonferenz

Um eine Konferenz zu beenden, auf den Button „Konferenz anhalten" klicken. Es erscheint eine Sicherheitsabfrage, die mit „Ja" bestätigt wird.

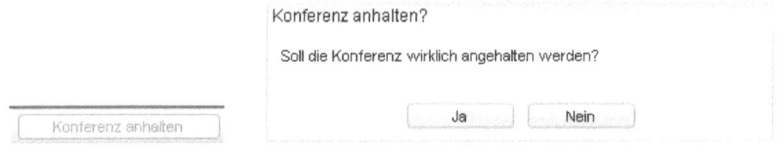

Abb.4.8.1 Screenshot: „Button Konferenz anhalten und Sicherheitsabfrage ", http://spreed.com/

Dann auf den Button „Abmelden" klicken. [Abmelden]

Es erscheint der folgende Text.

Sie wurden abgemeldet

Danke, dass Sie die spreed Platform verwendet haben. Wir interessieren uns für Ihr Feedback und Anregungen,
also schreiben Sie uns bitte an info@spreed.com.

Ihr spreed Team!

Sie können das Fenster jetzt schließen.

Abb.4.8.2 Screenshot: „Teilausschnitt Abmeldetext ", http://spreed.com/

Das Fenster kann nun geschlossen werden.

5 Betreten einer Webkonferenz als Teilnehmer/in

5.1 Betreten mittels Link in der Einladungs-Email

Die eingeladenen Teilnehmenden erhalten im Normalfall eine Einladung per E-Mail. In dieser E-Mail ist bereits der Link enthalten, mit dem sich diese direkt als Konferenzteilnehmer/innen bei spreed.com anmelden können.

Beispiel für eine solche E-Mail:

```
Hallo Manfred Rachbauer,

Tamara Rachbauer hat Sie zu einem spreed Onlinemeeting eingeladen.

        Title: Mathematik
  Beschreibung: Integralrechnung
    Startzeit: 05.11.2007 13:05 GMT+1
Geplante Dauer: 1 Stunde

Ihre Anmeldedaten:
  Meeting-Nr.: 261133243
E-Mail Adresse: fredl@pendular.net
    Passwort: PIN398878

Bitte klicken Sie den nachfolgenden Link an, um die Konferenz zu betreten:

<https://checkin.spreed.com/jc/261133243?p=PIN398878&u=fredl%40pendular.net>
```

Abb.5.1.1 Screenshot: „Teilausschnitt Einladungsemail ", http://spreed.com/

Nach dem Klicken auf den Link wird der Teilnehmende auf die folgende Seite weitergeleitet.

Dokumentation des Webkonferenzsystems Spreed
Teil des Projektberichtes für das Modul „12.1 Praxisprojekt"

MD.H
MEDIADESIGN · HOCHSCHULE
FÜR
DESIGN
UND
INFORMATIK
UNIVERSITY OF
APPLIED
SCIENCES

Tamara Rachbauer, MI 100501

Abb.5.1.2 Screenshot: „Teilausschnitt Konferenz betreten Seite ", http://spreed.com/

Hier auf die Schaltfläche „Konferenz betreten" klicken, um der Konferenz beizutreten.

5.2 Betreten mittels Meeting-Nr.

Eine weitere Möglichkeit, an einer Konferenz teilzunehmen ist es, den gewünschten Teilnehmenden die Meeting-Nr. und das Passwort zu geben. Mit diesen Daten können diese auch von
der spreed.com-Startseite aus, einer Konferenz beitreten.

Dazu müssen die Teilnehmenden die Meeting-Nr. in das „Möchten sie einem Meeting beitreten?"-Formular eintragen. Ist die Meeting-Nr. gültig, erweitert sich das Formular. Die Teilneh-
mer/innen müssen noch die E-Mail Adresse und das Passwort eintragen und auf „Beitreten"
klicken.

Abb.5.2.1 Screenshot: „Teilausschnitt Konferenz betreten Seite ", http://spreed.com/

Dann gelangen die Teilnehmenden ebenfalls auf die Seite mit der Schaltfläche „Konferenz beitreten".

5.3 Konferenz hat noch nicht begonnen.

Hat der Konferenzleiter die Konferenz noch nicht gestartet, werden die Teilnehmenden bis zum Starten in die so genannte „Lobby" weitergeleitet.

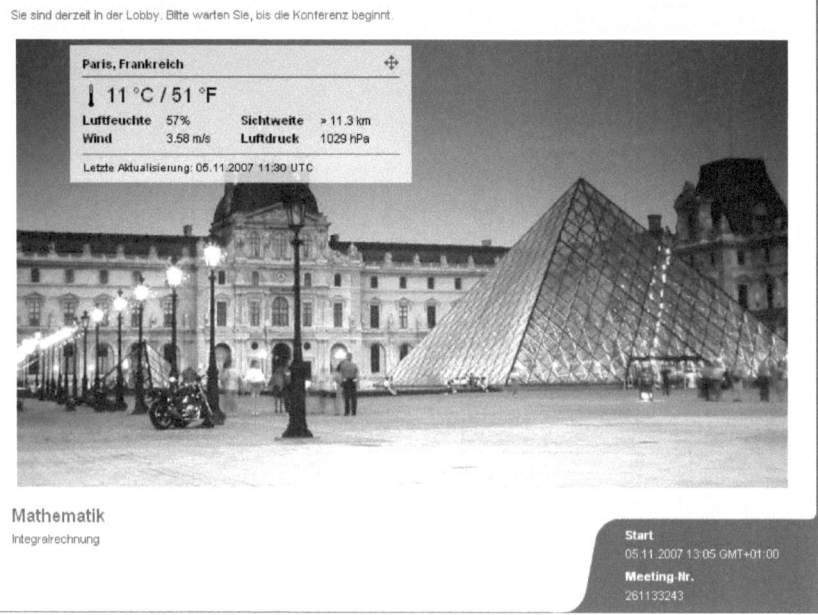

Abb.5.3.1 Screenshot: „Teilausschnitt Lobby ", http://spreed.com/

5.4 Konferenz wurde gestartet

In der Teilnehmerliste befinden sich alle zur Konferenz eingeladenen Teilnehmer/innen. Die in der Lobby wartenden Teilnehmer/innen sind mit Sesseln gekennzeichnet. Diese müssen manuell in die Konferenz geholt werden. Dazu mit der rechten Maustaste auf den entsprechenden Teilnehmer/in klicken und „In Konferenz holen" wählen.

Abb.5.4.1 Screenshot: „Teilausschnitt Teilnehmer Liste ", http://spreed.com/

5.5 Teilnehmerstatus verändern

Die Teilnehmer/innen können über die Teilnehmerliste ihren Online-Status setzen.
Wenn die Teilnehmer/innen während einer laufenden Konferenz nicht aktiv an der Konferenz teilnehmen können, die Konferenz aber nicht verlassen möchten, können sie dies den anderen Teilnehmenden mitteilen, indem sie den Status von „Online" auf

- „Nicht da" oder

- „Beschäftigt" zurücksetzen.

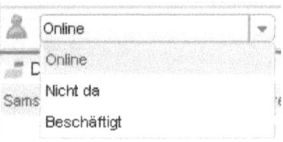

Abb.5.5.1 Screenshot: „Teilausschnitt Teilnehmer Liste zu setzende Zustände ", http://spreed.com/

Je nach ausgewähltem Status ist dem Benutzernamen in der Teilnehmerliste ein anderes Icon vorangestellt.

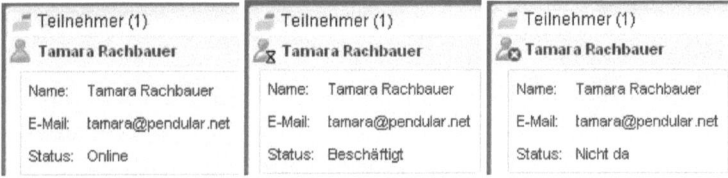

Abb.5.5.2 Screenshot: „Teilausschnitt Teilnehmerliste mit unterschiedlichen Icons ", http://spreed.com/

6 Literaturverzeichnis

[Spreed 2007] Spreed.com. *„Meetings, Konferenzen, Trainings und Support"* WWW-Präsentation, 2007. http://spreed.com//?set_language=de

[Spreed 2007a] Spreed.com. *„präsentieren, beraten, zusammenarbeiten, schulen. Jederzeit, überall – auf Knopfdruck"* Broschüre, 2007. http://spreed.com/help/Info-Material/spreedcomBroschuere_En.pdf/de

[e-teaching 2007] e-teaching.org. *„Spreed Steckbrief"* WWW-Präsentation, 2007. http://www.e-teaching.org/technik/produkte/spreedsteckbrief

7 Abbildungsverzeichnis